Le monde merveilleux des animaux en photos

LES INSECTES ET LES ARAIGNÉES

Le monde merveilleux des animaux en photos

LES INSECTES ET LES ARAIGNÉES

Piccolia

Recherche photographique : Brandi Valenza

5, rue d'Alembert
91240 Saint-Michel-Sur-Orge
Dépôt légal : 3ème trimestre 2009
Loi n°49-956 du 16 juillet 1949 sur les publications
destinées à la jeunesse.
Imprimé à Singapour.

Les insectes sont les animaux les plus nombreux sur Terre. Les hommes qui les étudient (les entomologistes) pensent qu'il en existe près de 10 millions d'espèces différentes dans le monde !

Mais les petites bêtes rampantes ne sont pas toutes des insectes car il y a aussi les araignées qui, pour certaines, peuvent leur ressembler… alors comment faire la différence ?

L'araignée a huit pattes et un corps divisé en deux parties : la tête et le céphalothorax (le thorax et l'abdomen soudés entre eux). Les insectes – quand ils sont adultes – ne possèdent que six pattes et leur corps est divisé en trois parties : la tête, le thorax et l'abdomen. Sur cette photo, pas de doute possible… le papillon est bien un insecte !

La plupart des papillons de jour ont d'immenses ailes aux motifs variés et aux couleurs éclatantes.

Ce scarabée doré a lui aussi des couleurs vives sur le corps mais il fait partie des coléoptères – une famille d'insectes qui possèdent des ailes dures sur le dos, appelées élytres et qui leur servent de protection. Pour s'envoler, ils les ouvrent et libèrent les ailes souples et fines situées en dessous !

Ces animaux ne se ressemblent pas beaucoup mais ils ont deux caractéristiques communes : ce sont des insectes et ont tous les trois des points colorés sur le corps.

De nombreux insectes possèdent des couleurs vives qui leur permettent de prévenir les prédateurs qu'ils ne sont pas bons à manger. La coccinelle sécrète une substance malodorante (la coccidine) au niveau des articulations des pattes qui repousse les oiseaux et les fourmis, ses principaux prédateurs !

À défaut de points sur le corps, certains insectes ont des rayures et d'autres sont tout noirs, préférant la discrétion pour mieux se cacher !

Cet escargot n'est évidemment pas un insecte mais il a deux points communs avec la plupart d'entre eux : il se nourrit de végétaux et possède deux antennes. Celles-ci lui permettent de tâter le sol pour éviter les obstacles mais elles ont quelque chose de plus que celles des insectes n'ont pas : à chaque extrémité, se trouve un œil !

Quelques insectes peuvent avoir des aspects étonnants voire monstrueux. Et pourtant, en règle générale, ils sont inoffensifs !

Cet insecte
est la mante
Pseudocreobotra
wahlbergi. Pour se
nourrir, elle replie
son corps afin de
ressembler le plus
possible à une fleur.
C'est ce qu'on appelle
le mimétisme. Ainsi,
les insectes qui
s'approchent de la
mante pour la butiner
sont immédiatement
attrapés par ses
longues pinces
et ses puissantes
mandibules !

Tous les insectes ne pratiquent pas le mimétisme pour se nourrir. Bon nombre d'entre eux se cachent pour ne pas être mangés, comme ce papillon (ci-dessous). Le vois-tu ?

À chacun son mode de vie... Certains insectes sont seuls et ne se rencontrent que pour se reproduire, d'autres vivent en groupes très organisés !

Tous les insectes n'ont pas besoin de pratiquer le mimétisme pour se protéger des prédateurs. Par exemple, ce lucane mâle est muni d'immenses mandibules qui ressemblent aux bois d'un cerf c'est pourquoi on l'appelle cerf-volant ! Il les utilise pour se défendre, pour protéger son territoire et s'approprier une femelle lors de la période de reproduction. Les combats entre mâles peuvent être très violents et se terminer par la mort d'un des adversaires !

Des insectes ont une trompe pour percer la surface des plantes et sucer leur sève. D'autres possèdent d'énormes mandibules pour creuser l'écorce des arbres.

Comment savoir si un insecte fait partie de la famille des scarabées ? Facile ! Comme ce hanneton, ils ont tous des antennes en forme d'éventail ! Mais avant d'être adulte, le hanneton est très difficile à reconnaître car il ressemble à une chenille. Ceci dit, contrairement à celles des papillons, les larves sont enfouies sous la terre, se nourrissent de racines et ne se métamorphosent en insecte adulte qu'après trois ans de vie dans le sol !

Les araignées ont généralement huit yeux dits simples mais de nombreux insectes possèdent deux yeux composés qui leur permettent de voir dans toutes les directions !

La diacrisie de virginie est un petit papillon tout blanc. Mais avant d'arriver au stade adulte, elle est une larve que l'on appelle chenille. Armée de nombreux piquants, celle-ci se déplace au hasard car elle a des yeux si petits qu'elle ne voit pas où elle va. Ceci dit, grâce à ses pattes adhérentes et à ses piquants, elle trouve toujours une solution pour ne pas tomber dans le vide !

Les chenilles peuvent avoir des piquants ou des couleurs vives sur le corps pour décourager tout prédateur de les manger. Certaines ont même de faux yeux !

Avant que ces papillons ne volent dans nos forêts, jardins ou champs, ils sont passés par trois stades d'évolution…

Le papillon naît d'un œuf qui, lorsqu'il éclot, devient chenille. En se nourrissant de plantes, celle-ci grossit puis se transforme en chrysalide, c'est-à-dire en un cocon à l'intérieur duquel se développe le papillon à l'âge adulte. Lorsqu'il s'est transformé – on appelle cela la métamorphose – le nouveau papillon doit attendre quelques heures pour que ses ailes sèchent avant de s'envoler !

Les fleurs sont la nourriture préférée de beaucoup d'insectes volants. En retour, ces derniers transportent le pollen de ces fleurs pour qu'elles puissent se reproduire !

De nombreux insectes ont des antennes très longues qui leur permettent de toucher et sentir la nourriture.

Les chenilles rampent sur les feuilles dont elles se nourrissent. Mais, certaines peuvent avoir une drôle d'allure. Celle-ci, par exemple, a autour du cou un collier noir avec des cercles blancs en forme d'yeux et des cornes rouges. Pour beaucoup d'animaux, elle ne paraît pas très appétissante !

Les abeilles mellifères ont un don. Avec le nectar qu'elles récoltent des fleurs, elles produisent dans leur ruche du miel… miam !

Il existe près
de 50 000 espèces
d'araignées différentes
à travers le monde.
Leur taille peut être très
variée : certaines font
à peine 1 millimètre
alors que d'autres font
environ 25 cm, soit
250 fois plus ! Mais
toutes sont dotées de
mandibules pour se
nourrir… comme cette
araignée-loup par
exemple. Oh ! comme
elle fait peur avec
ses grands yeux !

Et celles-ci, vues de près, ont l'air aussi monstrueuses, tu ne trouves pas ?

Chacune a sa façon d'attraper les insectes dont elle se nourrit : certaines construisent des toiles, d'autres se cachent dans des trous et courent après leurs victimes dès qu'elles approchent.

Il n'y a pas que les araignées qui se nourrissent d'insectes. Cette mante religieuse est une grande prédatrice et peut même s'attaquer à de petites grenouilles. D'ailleurs, après s'être accouplée, la femelle a l'habitude de dévorer son mâle !

Libellule mélancolique

Coccinelle

Phalène

Réduve masquée

Punaise arlequin

Grillon

Chenille de machaon

Doryphore

Cétoine dorée

Morpho bleu

Bousier

Lucioles

Papillon machaon

Escargot

Fourmis rouges

Papillon mauve

Arilus cristatus

Lucane cerf-volant

Scarabée doré

Chenille

Charançon du cotonnier

Chrysomèle maculée du concombre

Sauterelle

Lucane cerf-volant

Larve de doryphore

Mante *Pseudocreobotra wahlbergi*

Charançon *Phyllobius argenatus*

Chenille du grand paon de nuit

Punaise verte

Hanneton

Néphile

Sauterelle verte

Chenille de la diacrisie de Virginie

Chenille du papillon *Simyra henrici*

Larve de la noctuelle de la betterave

Chenille du papillon tigré

Papillon bleu de jour

Papillon de jour

Papillons de jour

Papillon Julia

Apodemia mais

Abeille

Coccinelle

Callidie violacée

Scarabée

Chenille du papillon tigré

Abeilles mellifères

Bourdon

Araignée-loup

Épeire diadème

Mygale

Grillon

Araignée-banane et criquet

Araignée-citrouille

Mante religieuse

Sauterelle verte

Remerciements :

Pour l'élaboration de cet ouvrage, nous tenions à remercier Diana Heom, Ashley Martinez, Danielle Parker, Lucie Parker, Phil Paulick, et Erin Zaunbrecher.

Crédits photographiques :

Shutterstock.